W0384441

CUISINE JUIVE

Ghislaine Danan-Bénady

Photos
Laurent Bianquis

HACHETTE

table des matières

Mes deux grand-mères, Nedjma et Rachel. La chance et la richesse de notre génération : le trait d'union entre l'Orient et l'Occident.

Au cours de la rédaction de ce petit livre, le passage de l'oral (spontané et malléable) à l'écrit (réfléchi et figé) a été pour moi une difficulté à surmonter. Je m'explique : dans nos familles, la cuisine se fait beaucoup au jugé tant pour les temps de cuisson que pour les quantités. J'entends encore ma mère me dire : « Une fois que tu as fait ceci, tu mets un bon peu de cela.» Allez traduire ça en chiffres ! J'ai donc dû m'armer d'une balance et d'un chronomètre pour donner une existence précise à « un bon peu », à « un fond de marmite », à « un demi-verre » et je ne parle pas (mais n'est-ce pas là l'essentiel de l'alchimie culinaire) de ce qui est de décider au bout de combien de temps exactement on a la sensation olfactive que « c'est bon » !

Même dans ces conditions contraignantes, le miracle de la convivialité a encore joué, rassemblant à la maison des « goûteurs » passionnés mais sans concession (enfants, amis, parents) et me donnant l'occasion d'associer à ces travaux mes amies ashkénazes — Ida et Tamara, Brigitte, Vivi et Sarah — dont les compétences ainsi que le verdict étaient pour moi essentiels. Mon plus vif souhait est donc que la réalisation et la dégustation de certaines de ces recettes créent chez vous la même ambiance de fête partagée que chez nous.

Enfin, je désire dédier ce livre à deux grandes absentes : ma mère et ma fille Elsa.

Histoire et cuisine

Pourquoi un livre de recettes juives mêlant cuisine séfarade (originaire des pays méditerranéens) et ashkénaze (provenant des pays germaniques et slaves) ? Ces deux communautés issues de la diaspora ont été séparées si longtemps et ont vécu dans des conditions historiques et géographiques tellement différentes qu'il leur restait en commun certes l'essentiel — leur Foi et leur Loi — mais que leurs coutumes, leur mode de vie, leurs traditions voire leur façon de regarder l'autre sont devenus par certains côtés très dissemblables. Depuis que les juifs d'Afrique du Nord sont venus en grande partie s'installer en France, les deux communautés se sont très progressivement rapprochées et interpénétrées. Maintenant les mariages entre ashkénazes et séfarades sont fréquents, et comme chacun sait, après le mariage, il reste tout à découvrir de l'autre… y compris ses goûts culinaires.

Les épices et les plantes

La cuisine dépend toujours des ingrédients dont on dispose ainsi que de la façon de les utiliser, qui sont directement en relation avec le climat et l'histoire. Les marchés du Maghreb, pleins d'odeurs, de couleurs et d'épices étaient probablement plus colorés et chatoyants que ceux des *shtetls* de Pologne. La douceur du climat n'explique-t-elle pas en grande partie une certaine exubérance du comportement et des pratiques culinaires chez les séfarades ? À l'inverse, la rigueur du climat l'oppression toujours présente, les difficultés de la vie quotidienne ont certainement trempé le caractère des juifs d'Europe orientale. Néanmoins malgré la moindre diversité et la faible quantité d'ingrédients dont disposaient les gens du peuple ashkénaze, certains plats tout simples s'avèrent de véritables petits miracles. Leurs créateurs ont en effet su tirer toute l'extrême saveur de produits qui étaient apparemment moins goûteux !

Les épiceries spécialisées offrent un grand choix d'olives, vertes ou noires, nature ou épicées.

Pour la réalisation des recettes de ce livre, vous utiliserez de nombreuses épices, différents condiments et plantes que vous trouverez dans les épiceries de produits orientaux.

L'anis
Cette plante originaire du Moyen-Orient a été abondamment utilisée par les médecins chinois. Très parfumée, on la trouve en grains. L'anis évite les troubles de la digestion.

L'ail
Son odeur est forte et son goût piquant. À la bonne saison, lorsque l'ail est frais et n'a pas de germe, il est possible d'en préparer pour le garder.
Pour cela, épluchez les gousses et hachez-les finement.
Remplissez-en de petits bocaux, puis recouvrez l'ail d'huile.
L'ail est bon pour le cœur.

La cannelle
Cultivée au Sri Lanka, elle est très odorante et goûteuse.
Elle est utilisée surtout pour les pâtisseries.
Elle facilite la digestion.

Le piment de Cayenne
Ce piment fort en poudre très fine sert à relever les plats.

Le clou de girofle
Cette épice vient de l'océan Indien. Très parfumée, il faut en mettre peu si on l'utilise en poudre.
Entiers, les clous de girofle peuvent servir de décoration dans certaines pâtisseries.
Piqués dans un oignon, ils seront cuits dans le pot-au-feu.

Le cumin
De la famille de l'anis, il est cultivé en Méditerranée et en Inde. Il s'utilise en poudre dans la cuisine marocaine. Il stimule la digestion.

Le curcuma
Originaire d'Inde, il s'utilise en poudre et donne une jolie coloration jaune aux aliments.
Cette épice peut aussi servir pour la teinture des tissus. Certains l'utilisent à la place du safran, mais s'il en a la couleur, son goût est tout à fait différent.

Le flio
Cette menthe sauvage séchée parfume les soupes et les salades fraîches.

Le gingembre
Originaire de Chine et d'Inde, cette racine s'utilise sèche dans la cuisine asiatique et en poudre dans la cuisine nord-africaine.
Sèche ou fraîche, son goût diffère ; il est donc difficile de remplacer l'un par l'autre.
La légende lui donne des vertus aphrodisiaques.

La harissa
C'est un mélange de piment rouge sec, d'ail, de coriandre et de sel recouvert d'huile d'olive.
Les amateurs de plats relevés la délayent dans le bouillon de cuisson du couscous avant d'en assaisonner ce met.

La noix muscade
Elle est originaire d'Indonésie.
Elle est vendue entière, à râper au moment de servir, ce qui permet de lui garder tout son arôme et sa saveur. On la trouve aussi en poudre.

Le niora
Il est composé de petits piments ronds doux et secs, grossièrement concassés. Il est possible de l'utiliser sec ou de le garder dans un bocal après l'avoir recouvert d'huile.

Le paprika
Cette poudre de poivrons doux, originaire du Mexique, a été importée au Maroc et en Hongrie.
Doux ou fort, il parfume délicatement de nombreux plats dont le goulache.

Le ras-el-hanout
C'est un mélange de quatre épices : cannelle, cumin, curcuma et muscade, que vous trouverez tout prêt dans le commerce.
Vous pouvez aussi le préparer vous-même.

Le sésame
Originaire d'Inde ou d'Afrique, les graines de cette plante garnissent et aromatisent les pains et les viandes.

1. *Curcuma*
2. *Flio*
3. *Sésame*
4. *Gingembre*
5. *Cumin*
6. *Niora*
7. *Anis*
8. *Clous de girofle*
9. *Cumin*

9
7
4
5
6
1
2
3

Les fêtes et leurs plats traditionnels

La religion juive est d'abord la religion du « verbe », dans tous les sens du terme. Elle suit des règles mais sait aussi prendre des libertés en s'adonnant aux plaisirs du palais, cette joie d'exprimer une langue commune par l'intermédiaire de mets.
En effet, l'oralité désigne tout ce qui passe par la bouche. La cuisine apparaît par conséquent davantage comme un langage immédiatement compréhensible, un moyen de communiquer sa nature profonde, de rendre son vécu accessible à tous ; car sans négliger le rôle que peut jouer l'éducation du goût, les sensations, elles, sont instantanées et peuvent être exprimées sur le champ. Et pour mieux partager ses coutumes, ses traditions ou tout simplement sa joie de vivre, qu'y a-t-il de plus simple et de plus agréable à la fois que de faire la fête ?
Or l'élément central de la fête, qu'elle soit à caractère religieux ou non, n'est-ce pas la nourriture partagée ?
Ainsi, la cuisine apparaît comme un facteur de rassemblement.
Le métissage culinaire s'est sans doute beaucoup plus pratiqué que celui des peuples ou des communautés ; mais entre la cuisine juive marocaine et la cuisine marocaine tout court, il n'y a parfois que des nuances qui sont des enrichissements réciproques, les différences les plus marquées concernant seulement les repas de fêtes religieuses avec ce qu'ils ont de bien codifié.
Dans tous les cas, les festivités sont l'occasion de réunir famille et amis. Voici les principales fêtes religieuses juives.

La variété des condiments donne à la cuisine juive des saveurs tout en nuances.

Roch Hachana
C'est la fête du nouvel an.
À cette occasion, on pose sur la table le sucre et le miel pour « la douceur » de l'année à venir, des graines de sésame et des grenades pour représenter « l'abondance »... sans oublier tous les grains du couscous, qui est le plat traditionnel de cette fête chez les séfarades.

Kippour (le Grand Pardon)
Pour cette fête, la tradition veut que l'on tue un coq pour chaque homme et une poule pour chaque femme. C'est pourquoi les soupes que l'on mange la veille de cette fête — la *tfaia* — et les plats que l'on déguste le soir pour couper le jeûne — la *khrera* ou les *kneidlechs* — sont à base de bouillon de poulet.

Pessah
C'est la fête de Pâques.
La traversée du désert est symbolisée par la *matsa* (galette ou pain azyme). Pendant toute une semaine, il est interdit de manger du pain ou des pâtes levées.
Quant au *lesskat*, plat traditionnel à base d'abats d'agneau, il peut surprendre plus d'un palais qui n'a pas été exercé dès le plus jeune âge !
Pour les préparatifs de cette fête familiale, la coutume est de faire participer les enfants. Ils ont la mission laborieuse d'enlever la peau des pois chiches pour la préparation de la *khrera* ou de former les *harosets* ou encore les *kneidlechs* de Pâques.

Shabbat
C'est le jour de repos hebdomadaire où toute activité matérielle doit en principe cesser.
C'est pourquoi le plat rituel du shabbat, la *dafina*, se prépare la veille tandis que la cuisson se prolonge jusqu'au repas du lendemain.

Les habitudes alimentaires
Les règles alimentaires sont fixées par la *Cacherout* qui rassemble l'ensemble des lois religieuses alimentaires. Elles sont subtiles, parfois compliquées et surprenantes, mais toutes ont une justification, surtout si on les replace dans le contexte dans lequel elles ont été édictées.

Certains aliments sont totalement interdits : les fruits de mer ; les poissons à la peau sans écailles et sans nageoires (la lotte, la raie, l'anguille, etc.) ; la viande de porc et de cheval. Il est par ailleurs interdit d'associer la viande et les laitages car, comme dit le proverbe, « On ne mange pas l'agneau dans le lait de sa mère. »

Les fameuses oranges non-traitées sur un étal du marché de Jaffa, en Israël.

TARATOR

frais

Pour 4 personnes

Macération : 20 mn

Préparation : 10 mn

- *2 concombres*
- *1 bouquet d'aneth*
- *6 yaourts bulgares*
- *1 bac de glaçons*
- *huile d'olive*
- *sel*
- *poivre*

1. Pelez et épépinez soigneusement les concombres.

2. Coupez les concombres en petits morceaux.

3. Dans un saladier, versez les yaourts bulgares, les morceaux de concombre et les glaçons.

4. Salez, poivrez et laissez macérer pendant environ 20 mn. Il n'est pas nécessaire d'ajouter d'eau car les concombres vont dégorger celle qu'ils contiennent.

5. Servez bien frais dans une soupière avec un petit filet d'huile d'olive et déposez des filaments d'aneth.

CONSEIL !

Choisissez de préférence des concombres longs, fermes et fins. Ils auront moins de pépins, plus de goût et lâcheront moins d'eau.

KROUPNICK

hivernal

Pour 4 personnes

Préparation : 20 mn

Cuisson : 1 h

- *500 g de gîte de bœuf*
- *200 g de céleri rave*
- *1 branche de céleri*
- *1 poireau*
- *1 oignon*
- *1 carotte*
- *2 pommes de terre*
- *3 cuil. à soupe de haricots blancs secs*
- *3 cuil. à soupe d'orge perlé*
- *50 g de champignons secs*
- *3 cuil. à soupe d'huile*
- *sel*
- *poivre*

1. Mettez les haricots blancs et les champignons dans 2 bols différents. Recouvrez-les d'eau et laissez-les tremper 10 mn.

2. Dans une passoire, rincez bien l'orge perlé.

3. Épluchez et coupez la carotte en rondelles. Épluchez et coupez l'oignon en lamelles. Rincez les deux sortes de céleri et le poireau. Épluchez les pommes de terre. Coupez le tout en morceaux.

4. Coupez la viande en petits morceaux. Faites chauffer l'huile dans un marmite et faites-y revenir les morceaux de viande.

5. Ajoutez l'orge perlé, les haricots et les autres légumes à la viande. Couvrez d'eau, salez et poivrez. Laissez cuire 30 mn à feu moyen.

6. Ajoutez les champignons bien rincés et laissez encore cuire 30 mn à feu un peu plus doux.

7. Servez la soupe bien chaude dans une soupière.

CONSEIL !

Vous trouverez tous les ingrédients secs dans les épiceries spécialisées mais aussi en grande surface.

En haut : tarator.
En bas : kroupnick.

TFAIA

onctueux

Pour 8 personnes
Préparation : 5 mn
Cuisson : 30 mn

- *1 poulet*
- *5 œufs*
- *noix muscade en poudre*
- *sel, poivre*

1. Faites préchauffer le four à 140 °C (th. 4).

2. Préparez 1 litre de bouillon de poulet. Pour cela, mettez le poulet dans un autocuiseur. Recouvrez-le d'eau froide et laissez cuire 8 mn à partir de la rotation de la soupape.

3. Égouttez le poulet et mettez le bouillon obtenu de côté.

4. Battez les œufs dans une jatte, puis versez le bouillon de poulet froid. Mélangez bien.

5. Dans un moule à flan ou en couronne allant au four, versez la préparation.

6. Salez et poivrez. Ajoutez une pointe de couteau de muscade.

7. Remplissez la lèchefrite du four d'eau chaude. Déposez-y le moule et faites cuire au bain-marie pendant 30 mn.

8. Servez une portion de cette soupe épaisse dans chaque assiette juste avant de passer à table.

♦ C'est la soupe traditionnelle qui est servie la veille de Kippour.

KHRERA

typique

Pour 8 personnes
Préparation : 40 mn
Cuisson : 1 h

- *200 g de foies de volaille*
- *200 g de gésiers de volaille*
- *200 g de cœurs de volaille*
- *1 poulet*
- *2 ou 3 tomates*
- *2 citrons*
- *1 bouquet de coriandre fraîche*
- *2 oignons*
- *200 g de pois chiches trempés (en boîte ou en bocal)*
- *200 g de lentilles sèches*
- *1 cuil. à soupe de Maïzena*
- *5 cuil. à café d'huile d'olive*
- *sel, poivre*

1. Préparez 1 litre de bouillon de poulet. Pour cela, mettez le poulet dans un autocuiseur. Recouvrez-le d'eau froide et laissez cuire 8 mn à partir de la rotation de la soupape. Égouttez le poulet et mettez le bouillon obtenu de côté.

2. Enlevez la peau des pois chiches. Épluchez les oignons et coupez-les en lamelles.

3. Dans une marmite, versez l'huile et faites revenir les oignons. Ajoutez ensuite les tomates pelées et coupées en morceaux, puis le bouillon de poulet.

4. Versez les pois chiches et les lentilles dans la marmite, mélangez. Salez et poivrez.

5. Coupez les gésiers et les foies en petits morceaux et ajoutez-les dans la soupe avec les cœurs. Portez à ébullition, puis laissez mijoter à feu doux 1 h environ.

6. Si la soupe est trop liquide : délayez la Maïzena dans un bol avec un petit verre d'eau froide. Versez cette préparation dans la soupe, en remuant continuellement.

7. Ciselez la coriandre dans la soupe et versez le jus des citrons au moment de servir.

♦ C'est la soupe qui est servie le soir de Kippour pour couper le jeûne.

CONSEIL !

Pour peler les tomates plus facilement, portez à ébullition une petite casserole d'eau. Plongez-y rapidement les tomates et laissez-les refroidir avant d'ôter la peau à l'aide d'un couteau.

En haut : tfaia.
En bas : khrera.

SOUPE DE CHOUX ET DE FÈVES

festif

Pour 10 personnes

Préparation : 40 mn

Cuisson : 1 h

- *1 kg de jarret de bœuf*
- *1 kg de mouton (collier et épaule)*
- *2 choux nouveaux (longs)*
- *1 bouquet de coriandre fraîche*
- *1 kg de fèves fraîches*
- *1 kg d'oignons*
- *2 cuil. à café de niora concassé*
- *5 cuil. à soupe d'huile d'olive*
- *sel, poivre*

1. Coupez toutes les viandes en petits morceaux.

2. Épluchez les oignons et coupez-les en lamelles ainsi que les choux.

3. Faites chauffer l'huile dans une marmite. Faites blondir les oignons et ajoutez la viande.

4. Environ 20 mn plus tard, lorsque la viande est presque cuite, retirez-la de la marmite et mettez-la de côté sur une assiette.

5. Répartissez le chou dans la marmite et déposez la viande par-dessus. Salez et poivrez. Ajoutez le niora concassé et un demi-litre d'eau. Laissez mijoter pendant quelques minutes.

CONSEIL !

Il est possible de faire cette recette avec des fèves surgelées ; cela vous évitera la corvée de l'épluchage !

♦ C'est la soupe qui est servie traditionnellement le soir de Pâques.

6. Ajoutez enfin les fèves : glissez-les délicatement sous la viande. Immergez-les bien pour qu'elles restent tendres.

7. Couvrez et laissez mijoter à feu doux 1 h environ. Ajoutez de l'eau si vous voyez que le chou commence à attacher.

8. Versez cette soupe épaisse dans un plat creux et ajoutez la coriandre ciselée juste avant de servir.

GHORBA À LA GRECQUE

frais

Pour 4 personnes

Préparation : 20 mn

Cuisson : 1 h

- *2 pattes, 2 ailes, 1 cou et 1 gésier de poulet*
- *2 carottes*
- *200 g environ de céleri rave*
- *1 branche de céleri*
- *1 citron*
- *3 branches de persil*
- *1 jaune d'œuf*
- *sel, poivre*

1. Versez 1 litre d'eau froide dans une grande casserole. Ajoutez les morceaux de poulet et portez à ébullition. Laissez cuire à petits bouillons pendant 15 mn. Écumez, salez et poivrez.

2. Pendant ce temps, épluchez et coupez les carottes en rondelles et les deux sortes de céleri en morceaux.

3. Versez les légumes dans la casserole et faites cuire 1 h environ, à feu moyen.

4. Passez le bouillon à travers un chinois. Séparez les légumes de la viande.

5. Au moment de servir, mettez le jaune d'œuf au fond de la soupière. Ajoutez le bouillon petit à petit, tout en battant au fouet. Versez ensuite les légumes.

6. Égouttez les morceaux de poulet et coupez-les en tout petits morceaux, puis disposez-les sur la soupe.

7. Hachez grossièrement le persil et pressez le citron avant de les incorporer à la soupe. Goûtez et rectifiez l'assaisonnement à votre goût.

ATFÉ

onctueux

Pour 4 personnes

Préparation et cuisson : 25 mn

- *1 poignée de flio*
- *3 gousses d'ail*
- *3 cuil. à soupe de farine*
- *1/2 cuil. à moka de piment de Cayenne*
- *3 cuil. à soupe d'huile d'olive*
- *sel*

1. Épluchez les gousses d'ail et coupez-les en tout petits morceaux.

2. Dans une marmite, faites chauffer l'huile pour y faire revenir l'ail. Ne le laissez pas brunir.

3. Hors du feu, ajoutez la farine dans la marmite et délayez soigneusement. Versez un verre à moutarde d'eau froide et continuez à mélanger jusqu'à ce que l'eau et la farine aient la consistance d'un roux.

4. Reposez la marmite sur le feu et ajoutez environ 75 cl d'eau. Remuez bien, salez et pimentez. Écrasez les feuilles de flio entre vos mains avant de les jeter dans la soupe. Portez à ébullition sans cesser de remuer.

5. Servez cette soupe bien chaude dans une soupière.

VARIANTE

Vous pouvez acheter ou préparer des croûtons grillés que vous servirez avec la soupe.

CONSEIL !

On trouve du flio (menthe sauvage) chez tous les marchands d'épices.

En haut : ghorba à la grecque.
En bas : atfé.

CHAKCHOUKA

savoureux

Pour 6 personnes

Préparation : 20 mn

Cuisson : 1 h

- *6 grosses tomates*
- *4 beaux poivrons verts*
- *4 gousses d'ail*
- *1/2 cuil. à café de harissa*
- *6 cuil. à soupe d'huile d'olive*
- *sel*

1. Faites griller les poivrons au four ou sur un gril de contact posé sur un feu vif.

2. Portez à ébullition une petite casserole d'eau. Jetez les tomates dans l'eau bouillante et retirez-les aussitôt. Laissez-les refroidir avant de les peler et de les presser entre vos doigts pour en retirer le maximum de jus. Coupez la chair en morceaux.

3. Enlevez soigneusement la peau des poivrons refroidis. Épépinez-les et coupez-les en lamelles. Pelez les gousses d'ail et hachez-les.

4. Dans une poêle, faites chauffer l'huile d'olive et versez-y les tomates. Salez, ajoutez l'ail, remuez et faites cuire à feu vif 2 à 3 mn.

5. Ajoutez alors les poivrons et la harissa, puis baissez légèrement le feu.

6. Laissez cuire pendant 1 h en remuant souvent avec une spatule en bois pour éviter que le fond ne brûle. Ajoutez un peu d'huile si les légumes attachent.

7. Versez l'entrée froide ou tiède dans un joli plat et servez.

CONSEIL !

Vous pouvez réaliser cette recette en utilisant une petite boîte de conserve de poivrons et une grande boîte de tomates.

ZAALOUK DE POIVRONS ROUGES

délicieux

Pour 4 personnes

Préparation : 30 mn

Cuisson : 10 mn

- *4 beaux poivrons rouges*
- *3 à 4 gousses d'ail*
- *3 cuil. à soupe d'huile d'olive*
- *sel*

1. Faites griller les poivrons au four ou à feu vif, sur un gril de contact.

2. Enlevez soigneusement la peau. Épépinez les poivrons et coupez-les en lamelles.

3. Épluchez les gousses d'ail et broyez-les au presse-ail.

4. Dans une poêle, faites chauffer légèrement l'huile. Jetez-y les poivrons et l'ail. Salez à votre goût et mélangez bien. Laissez revenir pendant 10 mn environ.

5. Servez dans un petit saladier ou un plat à tajines.

CONSEIL !

Lorsque les poivrons sont grillés, mettez-les dans un sac en plastique que vous fermerez et laissez-les refroidir. La peau s'enlèvera ensuite sans aucune difficulté.

En haut : chakchouka.
En bas : zaalouk de poivrons rouges.

SALADE DE BETTES

doux et piquant

Pour 6 personnes

Préparation : 40 mn

- *1 belle botte de bettes*
- *2 citrons*
- *5 gousses d'ail*
- *1 cuil. à café de cumin*
- *1/2 cuil. à café de niora concassé*
- *5 cuil. à soupe d'huile d'olive*
- *sel*

1. Lavez bien les feuilles de bette une à une à l'eau courante. Épluchez les côtes.

2. Disposez les feuilles et les côtes dans le panier d'un autocuiseur. Laissez cuire 5 mn après la rotation de la soupape.

3. Égouttez bien les feuilles et pressez-les dans vos mains. Avec chaque feuille, formez un rouleau et coupez-le en tranches. Coupez les côtes en morceaux.

4. Épluchez les gousses d'ail et broyez-les au presse-ail.

5. Dans une poêle, faites chauffer l'huile, le jus des citrons, le cumin, le niora concassé, l'ail et le sel. Ajoutez les bettes et remuez pour bien mêler tous les ingrédients.

6. Faites revenir pendant 5 mn, en veillant à ce que les bettes restent moelleuses. Laissez refroidir avant de servir dans un plat.

CONSEIL !

À la cuisson, les bettes perdent beaucoup de volume. Tenez compte de ce fait lorsque vous prévoyez la quantité à acheter.

VARIANTE

Hors saison, vous pouvez remplacer les bettes par des épinards.

SALADE D'ORANGES

original

Pour 6 personnes

Préparation : 10 mn

- *3 oranges*
- *3 petits oignons frais ou 3 gousses d'ail*
- *4 branches de coriandre fraîche*
- *1 petit bocal d'olives noires*
- *1 cuil. à café de niora concassé*
- *1/2 cuil. à moka de piment de Cayenne*
- *3 cuil. à soupe d'huile d'olive*
- *sel*

1. Pelez les oranges à vif, puis coupez les quartiers en petits morceaux.

2. Épluchez et pressez l'ail ou coupez les oignons en lamelles.

3. Dans un saladier, mélangez les oranges avec les épices, l'ail ou l'oignon et l'huile. Salez.

4. Décorez avec les olives noires et les feuilles de coriandre.

CONSEIL !

Veillez à ce que les oranges soient bien juteuses.

VARIANTE

Remplacez les oranges par des pamplemousses roses.
Pelez-les puis dégagez la pulpe de la membrane avant de couper chaque quartier en 3 morceaux.

En haut : salade de bettes.
En bas : salade d'oranges.

BSTELLS AU FROMAGE

croustillant

Pour 80 triangles

Préparation : 2 h

Cuisson : 15 mn

- *4 paquets de feuilles de brick*
- *1 sachet de purée en flocons*
- *4 gros œufs*
- *1 œuf moyen*
- *200 g de gruyère râpé*
- *huile de friture*
- *sel, poivre*

1. Portez à ébullition une casserole d'eau froide. Déposez-y les 4 gros œufs et faites-les cuire 10 mn. Laissez-les refroidir avant de les écaler.

2. Dans un plat creux, préparez la purée comme indiqué sur la boîte, mais en n'utilisant que de l'eau. Salez et poivrez à votre goût.

3. Hachez les œufs durs avec un couteau, puis incorporez-les à la purée chaude. Ajoutez le gruyère râpé et le jaune de l'œuf restant, dont vous mettrez le blanc de côté. Mélangez soigneusement le tout. Goûtez et rectifiez l'assaisonnement.

4. Coupez les feuilles de brick en deux et formez les triangles en suivant les instructions inscrites sur le paquet de feuilles. Farcissez chaque moitié de feuille d'un peu de mélange au fromage et repliez les bords de pâte pour fermer le triangle. Soudez-les avec le blanc d'œuf.

5. Dans une poêle, faites chauffer l'huile de friture avant d'y plonger les bstells. Faites-les frire sur les 2 faces. Servez bien chaud.

CONSEIL !

Les bstells au fromage crus se conservent très bien au congélateur. De même, il est inutile de les décongeler avant de les faire frire.

CAROTTES AU CUMIN

ensoleillé

Pour 6 personnes

Préparation et cuisson : 30 mn

- *800 g de carottes*
- *1 poivron rouge*
- *2 citrons*
- *4 branches de coriandre*
- *6 gousses d'ail*
- *1 cuil. à café de cumin*
- *harissa (facultatif)*
- *huile d'olive*
- *sel*

1. Épluchez les carottes. Lavez et épépinez le poivron. Lavez les gousses d'ail sans les éplucher.

2. Remplissez une casserole d'eau froide. Salez, mettez les carottes, le poivron et l'ail et portez à ébullition. Laissez cuire environ 20 mn. Les carottes cuites doivent être fermes, testez régulièrement la cuisson avec la pointe d'un couteau.

3. Égouttez tous les légumes et coupez les carottes en rondelles de 1 cm d'épaisseur. Gardez-les au frais.

4. Pelez les gousses d'ail et le poivron. Dans un plat, écrasez-les ensemble à l'aide d'une fourchette, puis salez.

5. À cette purée, ajoutez le jus des citrons, les feuilles de coriandre, le cumin, de la harissa si vous le souhaitez et l'huile. Mélangez bien, salez à nouveau si nécessaire.

6. Versez les carottes dans ce mélange et remuez très délicatement. Servez frais.

En haut : bstells au fromage.
En bas : carottes au cumin.

ŒUFS ET OIGNONS

pour recevoir

Pour 6 personnes

Préparation : 20 mn

Cuisson : 10 mn

- *4 beaux oignons frais de printemps*
- *1 pomme de terre*
- *8 œufs*
- *2 cuil. à soupe d'huile*
- *sel*

♦ En Pologne, cette entrée est très prisée pour les fêtes.

1. Portez à ébullition une grande casserole d'eau salée. Quand l'eau bout, plongez-y les œufs et la pomme de terre. Faites-les cuire pendant 10 mn.

2. Écalez les œufs et épluchez la pomme de terre. Épluchez aussi les oignons.

3. Hachez finement tous les ingrédients au hachoir ou bien à la main à l'aide d'un couteau.

4. Mouillez la préparation avec l'huile. Mélangez bien. Salez avant de servir dans un saladier.

FOIES HACHÉS

pour recevoir

Pour 4 personnes

Préparation : 30 mn

Cuisson : 10 mn

- *500 g de foies de volaille*
- *5 à 6 oignons moyens*
- *2 œufs*
- *3 cuil. à soupe d'huile*
- *sel*

VARIANTE

Vous pouvez utiliser les foies finement broyés pour remplir des feuilles de brick et en faire des bstells (voir p. 22). Ainsi, vous transformerez une recette ashkénaze en recette séfarade.

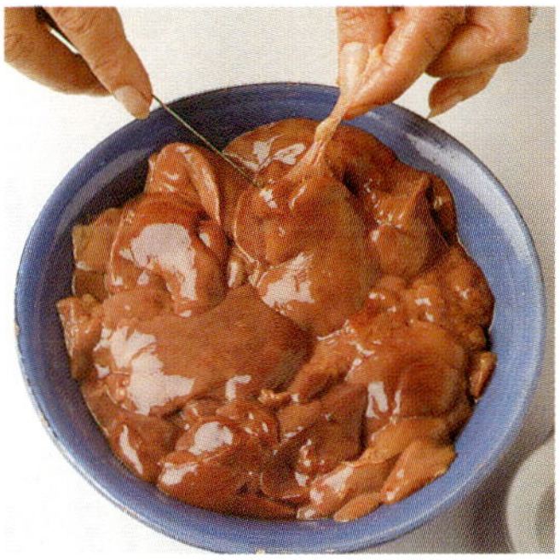

1. Nettoyez bien les foies sous l'eau courante. Avec la pointe d'un couteau, enlevez les filaments jaunes qui sont amers. Pendant ce temps, portez à ébullition une petite casserole d'eau salée. Plongez-y les œufs et faites-les cuire 10 mn. Écalez-les.

2. Épluchez et coupez les oignons en lamelles. Faites chauffer l'huile dans une poêle et faites-les revenir jusqu'à ce qu'ils deviennent tendres et dorés. Retirez les oignons de la poêle.

3. Dans cette même poêle, faites cuire les foies à feu très doux pendant 10 mn. Salez en fin de cuisson. Retirez les foies et conservez le jus de cuisson.

4. Hachez les foies et les œufs au couteau. Mouillez cette préparation avec le jus de cuisson des foies. Servez cette entrée froide dans un saladier.

CAVIAR D'AUBERGINES

relevé

Pour 4 personnes

Préparation : 35 mn

- *3 ou 4 belles aubergines*
- *1 oignon*
- *1 tomate*
- *1 petit bocal d'olives noires*
- *1 cuil. à soupe d'huile*
- *sel, poivre*

1. Faites griller les aubergines sur un gril, à feu vif. Enlevez la peau.

2. Hachez menu l'oignon et les aubergines dans le bol d'un mixeur.

3. À l'aide d'un batteur à main, mélangez les aubergines, l'oignon, l'huile, sel et poivre afin d'obtenir un ensemble crémeux.

4. Présentez la préparation avec la tomate crue coupée en rondelles et des olives noires.

VARIANTE

Remplacez l'oignon par de l'ail et ajoutez du cumin en poudre à la préparation. Ajoutez aussi le jus de 1 citron à l'assaisonnement. Vous obtiendrez un délicieux caviar d'aubergines séfarade.

PÂTÉ DE SAUMON

mousseux

Pour 6 personnes

Préparation : 10 mn

- *600 g de filets ou de darnes de saumon frais*
- *1 gros oignon*
- *8 œufs*
- *3 cuil. à soupe d'huile*
- *vinaigre*
- *sel*
- *poivre*

1. Portez une grande casserole d'eau salée à ébullition. Mettez-y les œufs et laissez-les cuire pendant 10 mn. Écalez-les une fois qu'ils ont bien refroidis.

2. Si nécessaire, enlevez l'arête centrale du poisson. Épluchez et coupez l'oignon en morceaux.

3. Dans le bol d'un mixeur, broyez finement le saumon, les œufs et l'oignon en incorporant l'huile, jusqu'à ce que le mélange soit moelleux.

4. Ajoutez un filet de vinaigre. Salez bien et poivrez avant de présenter la préparation dans un joli plat.

VARIANTE

Pensez à remplacer le saumon par du thon frais. Un délice garanti !

RADIS ET CONCOMBRE AU FROMAGE BLANC

léger

Pour 8 personnes

Préparation : 20 mn

- *1 botte de radis roses*
- *1 concombre*
- *1 botte de petits oignons frais*
- *1 bouquet de ciboulette*
- *1 bouquet de persil*
- *300 g de fromage blanc battu à 20 ou 40 % MG*
- *sel, poivre*

1. Nettoyez les radis, enlevez les fanes et les extrémités. Râpez-les avec la grille du robot prévue pour les carottes.

2. Épluchez le concombre, épépinez-le et coupez-le en rondelles.

3. Épluchez et coupez les oignons en lamelles.

4. Versez tous les légumes dans un saladier, ajoutez le fromage blanc et mélangez bien. Ciselez les herbes au-dessus du plat, salez et poivrez.

VARIANTE

Pour alléger encore ce plat, remplacez le fromage par 3 yaourts à 0 %.

À gauche : radis et concombre au fromage blanc.
À droite : caviar d'aubergines.
Au fond : pâté de saumon.

TEMREKA D'HEMS

goûteux

Pour 4 personnes

Trempage : 12 h

Préparation : 10 mn

Cuisson : 45 mn

- *1 ou 2 têtes de poisson*
- *1/2 bouquet de coriandre fraîche*
- *1 tête d'ail*
- *500 g de pois chiches secs*
- *3 piments rouges secs doux*
- *1 cuil. à café de niora concassé*
- *1 cuil. à moka de harissa*
- *30 cl d'huile d'olive*
- *1 cuil. à soupe de bicarbonate de soude*
- *sel*

1. La veille, versez les pois chiches dans un grand saladier, ajoutez le bicarbonate et recouvrez-les d'eau. Laissez tremper toute la nuit.

2. Le lendemain, rincez bien les pois chiches sous l'eau courante.

3. Épluchez l'ail en laissant les gousses entières.

4. Tapissez le fond d'un autocuiseur avec les pois chiches. Versez l'huile, ajoutez les piments, l'ail, la harissa, le niora, la coriandre ciselée et la tête de poisson. Salez puis recouvrez le tout d'eau. Fermez le couvercle.

5. Portez à ébullition et faites cuire à feu doux pendant 45 mn. Découvrez et laissez évaporer s'il y a lieu. Servez bien chaud.

VARIANTE

On peut remplacer les piments secs par un poivron rouge frais.

TAJINE DE DORADE

raffiné

Pour 4 à 5 personnes

Préparation et cuisson : 50 mn

- *1 belle dorade*
- *4 poivrons rouges charnus*
- *6 branches de coriandre fraîche*
- *4 gousses d'ail*
- *1 cuil. à café de curcuma*
- *20 cl d'huile d'olive*
- *sel*

1. Demandez à votre poissonnier de vider, d'écailler la dorade et de la couper en morceaux.

2. Lavez et coupez les poivrons en quatre, épépinez-les. Épluchez et coupez les gousses d'ail en fines lamelles.

3. Dans une marmite, mettez l'huile, 40 cl d'eau, le sel, la moitié du curcuma et l'ail. Portez à ébullition.

4. Dès que l'eau bout, jetez les poivrons, couvrez et laissez mijoter environ 30 minutes à feu moyen.

5. Lorsque les poivrons ont ramolli, c'est à dire qu'ils sont presque cuits, posez les morceaux de dorade dans la marmite et saupoudrez le reste de curcuma sur le poisson.

6. Ciselez la coriandre bien lavée dans la marmite. Couvrez et laissez mijoter 10 mn.

CONSEIL !

Le poisson doit rester ferme pour être plus présentable, surveillez donc attentivement la cuisson. La tête de poisson servira pour le Temreka d'hems (voir ci-contre), vous pouvez la conserver dans le congélateur.

VARIANTE

La dorade peut être remplacée par un mulet.

En haut : temreka d'hems.
En bas : tajine de dorade.

BOULETTES DE POISSON

savoureux

Pour 25 boulettes environ

Préparation : 25 mn

Cuisson : 20 mn

- *750 g de poisson à chair blanche (dorade, merlan...)*
- *1 gros oignon*
- *5 gousses d'ail*
- *1 bouquet de persil*
- *1 œuf*
- *100 g de riz*
- *1 feuille de laurier*
- *1 cuil. à moka de curcuma*
- *1/2 cuil. à moka de noix muscade*
- *8 cuil. à soupe d'huile d'olive*
- *sel, poivre*

1. Ôtez les arêtes du poisson, épluchez l'oignon et rincez le persil. Dans le bol d'un robot, mixez ensemble tous ces ingrédients.

2. À ce mélange, ajoutez l'œuf, le riz, la muscade, le sel et le poivre. Mélangez bien le tout et formez, avec les doigts, des boulettes de 4 cm de diamètre environ.

3. Dans une marmite, versez un verre d'eau avec l'huile, le curcuma, l'ail coupé en rondelles et le laurier. Salez, poivrez, et portez à ébullition.

4. Jetez alors les boulettes dans la marmite, une à une, et laissez mijoter 15 à 20 mn. Disposez-les dans un plat avant de servir.

VARIANTE

Faites de plus petites boulettes (2 cm de diamètre environ). Délayez un jaune d'œuf dans le jus de 1 citron et mélangez à la sauce avant de servir.

CARPE FARCIE

classique

Pour 6 personnes

Préparation: 30 mn

Cuisson : 45 mn

- *1 belle carpe*
- *500 g de colin, colinot ou brochet en filets, sans peau*
- *5 oignons moyens*
- *2 carottes*
- *3 œufs*
- *2 biscottes*
- *1 cuil. à moka de sucre*
- *sel, poivre*

1. Demandez à votre poissonnier de couper la carpe en tranches. Enlevez l'arête centrale du poisson.

2. Préparez la farce : broyez au mixeur les filets de poisson avec 3 oignons épluchés, les biscottes, le sel, le poivre, le sucre et les œufs.

3. Farcissez le centre des tranches de poisson avec la préparation.

4. Portez à ébullition une marmite d'eau. Coupez les 2 autres oignons en petits morceaux et les carottes en rondelles. Plongez les légumes dans la marmite et laissez cuire pendant 20 mn.

5. Salez et poivrez le bouillon obtenu avant d'y déposer les tranches de carpe farcies. Laissez cuire 45 mn à feu doux.

6. Égouttez les tranches de poisson et présentez-les sur un plat. Décorez avec les rondelles de carotte.

CONSEIL !

Servez la carpe avec du raifort. Ce condiment relèvera le goût du poisson.

À droite : carpe farcie.
À gauche : boulettes de poisson.

CHOUX FARCIS

rustique

Pour 6 personnes
Préparation : 30 mn
Cuisson : 1 h

- *250 g de basses-côtes de bœuf hachées*
- *250 g de gigot d'agneau haché*
- *1 chou vert*
- *500 g de choucroute crue*
- *1/2 bouquet de persil*
- *2 oignons*
- *1 œuf*
- *2 cuil. à soupe de riz*
- *1 boîte de concentré de tomate*
- *1 boîte de coulis de tomates*
- *2 cuil. à soupe d'huile*
- *sucre*
- *sel, poivre*

1. Préchauffez le four à 170 °C (th. 5).

2. Épluchez les oignons et coupez-les en lamelles. Faites chauffer l'huile dans une poêle, ajoutez les oignons et laissez-les blondir.

3. Préparez la farce en mélangeant les viandes, l'œuf, le riz et le persil haché. Salez et poivrez.

4. Effeuillez le chou et plongez une à une les feuilles dans une marmite d'eau bouillante salée pour les ramollir.

5. Dans la partie la plus large de la feuille posez un peu de farce et rabattez les côtés avant de rouler la feuille sur elle-même.

6. Mélangez la choucroute, le coulis de tomates, le concentré de tomate, et 2 pincées de sucre.

7. Dans une cocotte allant au four, disposez une couche de rouleaux de chou, puis une couche de choucroute. Faites des couches successives et finissez par la choucroute. Couvrez la cocotte.

8. Faites cuire au four pendant 1 h. Finissez la cuisson à découvert pour que la plus grande partie du jus s'évapore.

GOULACHE

doux au palais

Pour 6 à 8 personnes
Préparation: 15 mn
Cuisson : 1 h 10

- *800 g à 1 kg de basses-côtes de bœuf*
- *1 os à moelle*
- *1 tomate*
- *1 poivron vert*
- *4 à 5 oignons*
- *1 cuil. à soupe de paprika doux*
- *1 cuil. à moka de paprika fort*
- *3 cuil. à soupe d'huile*
- *sel*
- *poivre*

1. Coupez la viande en petits morceaux et les oignons préalablement épluchés en lamelles. Épépinez le poivron et coupez-le en morceaux ainsi que la tomate.

2. Versez l'huile dans une marmite et faites revenir la viande sans la sécher pendant 5 mn environ. Ajoutez l'os à moelle et les différents légumes.

3. Assaisonnez avec les épices, salez, poivrez et recouvrez d'eau. Laissez cuire 1 h 10, la viande doit se défaire une fois cuite.

CONSEIL !

Servez ce plat avec des kneidlechs (voir p. 51) ou des pâtes fraîches.

En haut : choux farcis.
En bas : goulache.

CANARD AUX FERFELS

pour recevoir

Pour 4 personnes

Préparation : 25 mn

Cuisson : 1 h 15 environ

- *1 beau canard de 1,8 kg environ*
- *5 foies de canard*
- *1 oignon*
- *3 gousses d'ail*
- *300 g de ferfels*
- *1 cuil. à café de miel*
- *1 cuil. à café de moutarde*
- *2 cuil. à soupe d'huile*
- *sel, poivre*

1. Préchauffez le four à 220 °C (th. 7).

2. Mélangez le miel, la moutarde, l'ail haché et la moitié de l'huile. Salez et poivrez. Enduisez le canard de cette préparation.

3. Placez le canard et les foies sur la plaque creuse du four et faites-les rôtir 1 h 15 environ. Il faut que le canard soit bien doré à la sortie du four. Mettez de côté l'huile de cuisson qui reste dans la plaque.

4. 25 mn avant la fin de la cuisson du canard, faites chauffer le reste d'huile dans une marmite et faites-y revenir l'oignon finement haché. Ajoutez les ferfels pour leur donner un peu de couleur. Versez un demi-verre d'eau pour commencer la cuisson des ferfels, puis versez-en régulièrement tout au long des 20 mn de cuisson afin que les ferfels baignent toujours dans un peu de liquide.

5. Versez l'huile de cuisson du canard sur les ferfels cuites. Déposez les ferfels sur un plat, puis le canard et les foies rôtis.

CONSEIL !

Les ferfels sont des pâtes artisanales grillées que l'on trouve dans toutes les épiceries spécialisées.

KLOPS

consistant

Pour 14 tranches

Préparation : 30 mn

Cuisson : 1 h

- *500 g de basses-côtes de bœuf hachées*
- *500 g de gigot d'agneau haché*
- *3 oignons*
- *1/2 bouquet de persil*
- *3 œufs*
- *1/4 de baguette*
- *20 cl d'huile*
- *sel*
- *poivre*

1. Préchauffez le four à 140 °C (th. 4).

2. Portez une casserole d'eau à ébullition, plongez-y les œufs et faites-les cuire 10 mn.

3. Ôtez la croûte de la baguette et imbibez la mie d'eau. Enlevez la coquille des œufs refroidis.

4. Versez l'huile dans une poêle et faites revenir les oignons coupés en lamelles avec du sel et du poivre.

5. Dans une terrine, mélangez les viandes, les oignons, le pain trempé et le persil finement haché. Salez et poivrez.

6. Dans un moule à cake légèrement huilé, mettez une couche du mélange, disposez les 3 œufs durs et recouvrez avec le reste du mélange.

7. Faites cuire 1 h au four. Démoulez à la sortie du four, puis servez chaud ou froid.

En haut : canard aux ferfels.
En bas : klops.

POIVRONS FARCIS

coloré

Pour 6 personnes

Préparation : 30 mn

Cuisson : 1 h

- *250 g de bourguignon haché*
- *250 g de gigot d'agneau haché*
- *6 poivrons verts fins et longs*
- *1 branche de céleri*
- *4 branches de persil*
- *2 oignons*
- *1 œuf*
- *1 boîte de purée de tomates*
- *1 boîte de tomates pelées et épépinées*
- *1 cuil. à café de concentré de tomates*
- *2 cuil. à soupe de riz long*
- *sel, poivre*

1. Dans un saladier, préparez la farce en mélangeant bien les viandes, les oignons épluchés puis finement hachés, le persil haché, l'œuf, le riz et la moitié de la purée de tomates. Salez et poivrez.

2. Lavez bien les poivrons, coupez-les en deux dans le sens de la longueur et épépinez-les. Remplissez-les avec la farce.

3. Déposez les poivrons farcis dans une marmite sans huile.

4. Dans un saladier, écrasez à la fourchette les tomates pelées dans leur jus. Ajoutez le céleri coupé en petits morceaux, le reste de la purée de tomates et le concentré de tomates. Salez et poivrez.

5. Versez le tout dans la marmite. La sauce doit arriver au ras des poivrons.

6. Faites cuire à feu doux 1 h au maximum. Servez bien chaud.

LANGUES EN POT-AU-FEU

original

Pour 4 personnes

Préparation : 40 mn

Cuisson : 40 mn

- *2 langues de veau*
- *4 carottes*
- *1 branche de céleri*
- *4 pommes de terre*
- *5 feuilles de basilic*
- *5 oignons*
- *1 feuille de laurier*
- *sel, poivre*

1. Lavez bien les langues puis déposez-les dans un autocuiseur. Recouvrez d'eau salée, ajoutez un oignon épluché et la feuille de laurier. Fermez le couvercle, portez à ébullition et faites cuire 20 mn.

2. Pendant ce temps, épluchez tous les légumes.

3. Lorsque les langues sont cuites, égouttez-les et laissez-les un peu refroidir avant de leur enlever la peau. Gardez le bouillon de cuisson.

4. Dans le bouillon, jetez les carottes entières, la branche de céleri, les pommes de terre et les oignons restants coupés en gros morceaux. Faites cuire pendant 40 mn à feu moyen. Salez, poivrez et ajoutez le basilic ciselé en cours de cuisson.

5. Disposez dans le plat de service les langues coupées dans le sens de la longueur et répartissez les légumes autour. Mouillez avec le bouillon et servez bien chaud.

En haut : poivrons farcis.
En bas : langues en pot-au-feu.

COUSCOUS AUX LÉGUMES

convivial

Pour 8 personnes

Trempage : une nuit

Préparation et cuisson : 3 h

- *1 kg de gîte de bœuf*
- *1 pied de bœuf*
- *1 tomate*
- *1 chou vert*
- *8 carottes*
- *8 navets*
- *8 courgettes*
- *1 morceau de potiron*
- *1 bouquet de coriandre*
- *1 gros oignon*
- *8 petits oignons*
- *300 g de pois chiches*
- *1 kg de couscous fin*
- *1 feuille de laurier*
- *1 cuil. à soupe de thym*
- *5 cuil. à soupe d'huile d'olive*
- *1 cuil. à soupe de bicarbonate de soude*
- *sel*
- *poivre*

1. La veille, versez les pois chiches dans un saladier, recouvrez-les d'eau, ajoutez le bicarbonate et laissez-les tremper toute la nuit. Égouttez-les et rincez-les sous l'eau courante le lendemain.

2. Dans une grande marmite, faites revenir dans un peu d'huile le gros oignon coupé en lamelles ainsi que la tomate pelée et coupée en morceaux, avec le thym et le laurier.

3. Ajoutez la viande et le pied de bœuf ainsi que les pois chiches, le sel et le poivre. Recouvrez d'eau et laissez mijoter environ 45 mn. Pendant ce temps, épluchez tous les légumes.

4. Ajoutez alors dans la marmite les petits oignons, les navets, les carottes, puis le chou vert entiers. Ciselez la moitié du bouquet de coriandre par-dessus.

5. Lavez les courgettes et le morceau de potiron sous l'eau claire. Posez-les entiers dans la marmite et laissez mijoter à feu doux pendant 2 h environ. Surveillez la cuisson et ajoutez de l'eau au fur et à mesure de façon qu'il y ait toujours du bouillon dans la marmite. Ciselez la coriandre restante par-dessus.

6. Pendant ce temps, préparez la semoule. Dans un grand plat, mouillez le couscous avec 30 cl d'eau. Mélangez bien pour qu'il ne forme pas de boules. Versez cette semoule dans la passoire du couscoussier qui est déjà plein d'eau salée bouillante.

7. Faites 3 évaporations de 10 mn chacune. Pour cela, versez la semoule chaude dans le grand plat, additionnez un filet d'huile d'olive et roulez la semoule entre les mains avant de la reverser dans la passoire du couscoussier.

8. Salez la semoule et versez-la dans le plat de service. Arrosez-la avec le bouillon de cuisson des légumes. Présentez dans des plats différents les légumes, les viandes et les pois chiches. Pensez à recouvrir ceux-ci de bouillon.

VARIANTE

Pour une grande réception, ajoutez un poulet au couscous qui sera alors plus copieux. Vous pouvez aussi le servir avec des boulettes Nedjma (voir p. 46).

La semoule, les légumes et les viandes du couscous se servent dans des plats différents. Chaque convive peut le composer à son goût ; les amateurs le relèveront d'un peu de harissa.

TAJINE D'AGNEAU AUX PRUNEAUX ET AUX AMANDES

classique

Pour 6 personnes

Préparation et cuisson : 1 h

- *1 kg de gigot d'agneau*
- *1 oignon*
- *500 g de pruneaux*
- *250 g d'amandes émondées*
- *50 cl de vin blanc*
- *1 cuil. à moka de ras-el-hanout*
- *1 cuil. à moka de gingembre*
- *1/2 cuil. à moka de muscade*
- *1 cuil. à soupe d'huile d'olive*
- *sel, poivre*

1. Versez l'huile dans une marmite. Une fois qu'elle est chaudc, faites-y blondir l'oignon coupé en lamelles. Ajoutez la viande coupée en morceaux avec les épices, le sel et 2 verres d'eau. Faites cuire 50 mn à feu moyen.

2. Dans un bol, faites tremper les pruneaux dans le vin blanc. Égouttez-les bien dès qu'ils ont gonflé.

3. Dans une poêle, faites frire les amandes par petites quantités pour qu'elles soient dorées. Gardez-les à part au chaud.

4. Jetez les pruneaux dans la marmite et laissez mijoter encore 5 mn.

5. Versez le tout dans le plat de service et éparpillez les amandes sur la viande.

CONSEIL !

Le ras-el-hanout est un mélange de quatre épices : cannelle, cumin, curcuma et muscade. Vous en trouverez chez tous les marchands d'épices orientales.

VARIANTE

Vous pouvez remplacer les pruneaux par de beaux raisins secs blonds.

POULET AUX OLIVES ET AU CITRON

raffiné

Pour 6 personnes

Préparation : 30 mn

Cuisson : 20 mn

- *1 beau poulet de 1,5 kg environ*
- *3 oignons moyens*
- *500 g d'olives vertes cassées*
- *2 petits citrons confits*
- *1 cuil. à café de curcuma*
- *3 cuil. à soupe d'huile d'olive*
- *sel, poivre*

1. Faites dessaler les citrons pendant 10 mn dans un bol d'eau froide. Renouvelez l'eau 3 fois au cours de ce dessalage. Rincez les olives.

2. Coupez le poulet en morceaux. Dans une marmite, versez l'huile d'olive et faites revenir les morceaux de poulet pendant 5 mn. Mettez-les ensuite de côté.

3. Dans l'huile du poulet, faites blondir les oignons épluchés et coupés en lamelles.

4. Quand ils sont dorés, jetez dans la marmite les morceaux de poulet, les olives, les citrons coupés en morceaux ainsi que le curcuma.

5. Ajoutez un petit verre d'eau et laissez mijoter 20 mn à couvert et à feu doux.

6. Goûtez et rectifiez l'assaisonnement à votre goût juste avant de servir.

CONSEIL !

On trouve les citrons confits dans toutes les épiceries orientales.

VARIANTE

Vous pouvez accompagner ce poulet de riz blanc qui rehaussera son arôme.

En haut : tajine d'agneau aux pruneaux et aux amandes.
En bas : poulet aux olives et au citron.

DAFINA

convivial

Pour 6 à 8 personnes

Trempage : une nuit

Préparation : 30 mn

Cuisson : 24 h

- *250 g de bœuf haché*
- *500 g de gîte de bœuf*
- *500 g de jarret de bœuf*
- *1 pied de bœuf coupé en morceaux*
- *24 petites pommes de terre (en compter 4 environ par personne)*
- *1 patate douce*
- *1 tranche de potiron (selon la saison)*
- *2 têtes d'ail*
- *1 oignon*
- *3 branches de persil*
- *8 œufs (1 par personne et 2 pour la boulette)*
- *200 g de riz*
- *200 g de blé*
- *500 g de pois chiches*
- *1/2 cuil. à moka de cannelle*
- *1/2 cuil. à moka de muscade*
- *1 cuil. à soupe de semoule fine*
- *1 cuil. à soupe de bicarbonate de soude*
- *3 cuil. à soupe de farine*
- *2 cuil. à soupe de sucre*
- *1 l d'huile d'olive*
- *sel, poivre*

1. Le jeudi soir, mettez les pois chiches à tremper dans un grand saladier d'eau avec le bicarbonate. Le lendemain, rincez-les abondamment sous l'eau claire.

2. Le vendredi vers 14 h, préparez la boulette de viande en mélangeant la viande hachée, la semoule fine, 1 œuf, la muscade, la cannelle, une demi-cuillerée à moka de sucre, l'oignon et le persil finement hachés. Salez et poivrez.

3. Faites bouillir une grande casserole d'eau salée. Plongez-y 6 œufs pendant 6 mn, afin qu'ils soient mollets.

4. Formez un gros et long pain avec la boulette de viande, roulez-le dans la farine puis dans l'œuf restant. Versez 2 cuillerées à soupe d'huile dans une poêle et, dès qu'elle est chaude, faites-y frire un peu le pain de chaque côté.

5. Dans une petite boîte métallique mettez le riz et une tête d'ail après en avoir bien nettoyé la peau. Salez et poivrez. Ajoutez une cuillerée à soupe d'huile et 10 cl d'eau, puis refermez hermétiquement la boîte. Procédez de la même manière pour le blé.

6. Mettez les pois chiches au fond d'une grande marmite. Salez et ajoutez le sucre en poudre restant. Recouvrez de 75 cl d'huile. Posez dessus les récipients contenant le riz et le blé. Disposez autour, sans les couper, les pommes de terre, la patate douce et le potiron épluchés, les viandes et le pied de bœuf. Recouvrez d'eau, puis commencez la cuisson. Lorsque le tout commence à bouillir, baissez le feu.

7. Posez alors délicatement la boulette de viande sur la dafina. Ajoutez aussi les œufs mollets dans leur coquille. Surveillez la cuisson en laissant sur feu extrêmement doux toute la nuit. Ajoutez de l'eau s'il en manque.

8. Servez les pommes de terre, la patate douce, les œufs écalés et la boulette dans un plat ; les viandes et le pied dans un autre plat ; le riz, le blé et les pois chiches dans des plats séparés.

CONSEIL !

Pour faire cuire le riz et le blé, vous pouvez utiliser des boîtes de lait en poudre métalliques. Plus simple, procurez-vous des petites gamelles de camping qui font très bien l'affaire. Vérifiez de toute façon que vos boîtes peuvent être fermées hermétiquement.

♦ La dafina est le plat rituel du shabbat.

Au premier plan, à gauche : blé ; à droite : boulette de viande, pommes de terre, patate douce, œufs. Au second plan, à gauche : viandes, pied de bœuf ; à droite : pois chiches. À l'arrière-plan : riz.

LESSKAT

typique

Pour 10 personnes
Préparation : 40 mn
Cuisson : 2 h

- *4 tranches de cœur de génisse*
- *4 tranches de foie de génisse*
- *1 rate de mouton*
- *1 poumon de mouton*
- *2 kg de tripes de bœuf*
- *250 g de bœuf haché*
- *10 gousses d'ail*
- *1 bouquet de persil plat*
- *1 citron*
- *1 œuf*
- *2 cuil. à café de niora concassé*
- *1 cuil. à café de cumin*
- *20 cl d'huile d'olive*
- *sel*

1. Huilez très légèrement une poêle, faites-la chauffer et grillez-y très rapidement chaque face des tranches de foie.

2. Jetez la rate entière et le poumon dans une casserole d'eau bouillante pendant 10 mn pour les blanchir.

3. Sur une grande planche, hachez ensemble la moitié du foie, la moitié du poumon et le persil. Mélangez bien cette préparation à la viande hachée.

4. Préparez des boulettes en mélangeant ces viandes hachées avec 4 gousses d'ail écrasées au presse-ail, la moitié du niora et l'œuf. Salez puis gardez-les de côté.

5. D'autre part, coupez le reste de foie et de poumon en petits morceaux. Coupez aussi la rate, les tripes et le cœur en morceaux.

6. Dans une marmite, portez à ébullition un demi-litre d'eau, l'huile, les 6 gousses d'ail restantes épluchées et coupées en rondelles, le cumin, le reste du niora et le jus du citron. Lorsque ce mélange arrive à ébullition, jetez-y les morceaux des différentes viandes et les boulettes. Salez.

7. Couvrez et laissez mijoter 2 h, ajoutez un peu d'eau en cours de cuisson si nécessaire.

8. Présentez chaud dans un plat de service.

CONSEIL !

Demandez à votre boucher une fressure d'agneau ou de mouton, vous aurez ainsi tous les ingrédients nécessaires.

♦ C'est le plat typique du soir de Pessah.

BOULETTES NEDJMA

moelleux

Pour 22 boulettes

Préparation et cuisson : 45 mn

- *1 kg de bourguignon haché*
- *1/2 bouquet de persil*
- *3 oignons*
- *2 œufs*
- *40 g de pain trempé dans l'eau*
- *1 feuille de laurier*
- *1 cuil. à café de cumin moulu*
- *10 cl d'huile d'olive*
- *chapelure*
- *sel, poivre*

1. Épluchez 2 oignons et broyez-les avec le pain et le persil dans le bol d'un robot.

2. Dans une terrine disposez la viande hachée et faites un puits dans lequel vous cassez 1 œuf. Ajoutez le mélange à base de pain et le cumin. Mélangez, salez et poivrez.

3. Formez de belles boulettes que vous aplatissez dans le creux de la main. Dans une assiette, battez le second œuf, dans une autre disposez la chapelure.

4. Dans une poêle huilée, faites frire les boulettes après les avoir passées dans l'œuf puis dans la chapelure. Mettez-les de côté.

5. Versez l'huile dans une marmite et faites revenir le dernier oignon coupé en lamelles. Lorsqu'il est doré, ajoutez 1 verre d'eau, la feuille de laurier et salez.

6. Lorsque ce mélange bout, posez-y les boulettes et laissez mijoter 10 mn environ. Servez les boulettes dans un plat creux.

CONSEIL !

Vous pouvez accompagner ce plat avec des petits pois qui donnent toute leur saveur aux boulettes, ou les servir avec le tajine d'artichauts et de fèves (voir p. 52).

MQUELE D'ZITOUN

parfumé

Pour 4 personnes

Préparation et cuisson : 55 mn

- *1 kg de jarret de bœuf*
- *5 gousses d'ail*
- *1 citron*
- *2 gros citrons confits*
- *1 kg d'olives cassées au citron*
- *1 cuil. à café de cumin*
- *1 cuil. à café de bicarbonate de soude*
- *1 feuille de laurier*
- *12 cuil. à soupe d'huile d'olive*
- *1 cuil. à café de niora concassé*
- *sel, poivre*

1. Demandez à votre boucher de découper la viande en morceaux de 50 à 60 g environ. Faites dessaler les citrons confits 10 mn dans un bol d'eau froide. Renouvelez l'eau du bol 3 fois au cours de ce dessalage.

2. Pendant ce temps, épluchez l'ail et coupez-le en petits morceaux. Dénoyautez les olives.

3. Dans une marmite, versez 7 cuillerées à soupe d'huile d'olive. Jetez-y les morceaux de viande et la feuille de laurier. Ajoutez 2 verres à moutarde d'eau et portez à ébullition.

4. Dès que le mélange bout, baissez le feu et laissez cuire environ pendant 40 mn à feu doux. Ajoutez de l'eau si nécessaire. Poivrez et salez légèrement.

5. Dans une casserole, faites bouillir 2 verres d'eau et le bicarbonate de soude. Jetez-y les olives et laissez bouillir 5 mn. Égouttez-les et rincez-les à l'eau froide.

6. Toujours pendant que la viande cuit, faites chauffer le reste de l'huile dans une autre marmite. Ajoutez les olives, les citrons confits rincés et coupés en morceaux, le cumin, le niora et l'ail. Versez 1 verre à moutarde d'eau et le jus de la moitié du citron. Laissez mijoter 5 mn.

7. Servez la viande rôtie dans un plat entourée des olives.

En haut : boulettes Nedjma.
En bas : mquele d'zitoun.

FÈVES AU CUMIN

savoureux

Pour 4 personnes

Préparation : 5 mn

Cuisson : 25 mn

- *500 g de fèves surgelées*
- *2 gousses d'ail*
- *2 cuil. à soupe de jus de citron*
- *1 cuil. à café de niora concassé*
- *1 cuil. à café de cumin*
- *4 cuil. à soupe d'huile d'olive*
- *sel*

1. Épluchez l'ail et coupez-le en rondelles. Mettez-le de côté.

2. Versez l'huile dans une marmite et jetez-y tout le sachet de fèves. Arrosez avec le jus de citron.

3. Assaisonnez avec le niora concassé, le cumin et l'ail coupé en rondelles. Salez.

4. Ajoutez 2 verres à moutarde d'eau et laissez mijoter 25 mn.

5. Servez chaud dans un joli plat à tajines avec une viande ou un poisson.

CONSEIL !

En accompagnement servez une viande grillée ou rôtie, elle se mariera parfaitement aux fèves.

NAVETS AU CITRON

parfumé

Pour 4 personnes

Préparation : 10 mn

Cuisson : 15 mn

- *500 g de navets*
- *1 petit citron confit*
- *2 gousses d'ail*
- *1 cuil. à moka de niora concassé*
- *1 cuil. à moka de cumin*
- *2 cuil. à soupe d'huile d'olive*

1. Faites tremper le citron confit dans de l'eau fraîche pendant 10 mn pour le dessaler. Renouvelez l'eau à 3 reprises.

2. Pendant ce temps, épluchez les navets et les gousses d'ail, puis coupez-les en rondelles.

3. Dans une marmite, versez l'huile, un verre d'eau, le cumin, le niora concassé, le citron coupé en rondelles et l'ail. Ajoutez ensuite les navets.

4. Laissez mijoter à feu doux pendant 15 mn, jusqu'à ce que les navets soient fondants. Servez-les bien chauds.

CONSEIL !

Vous trouverez des citrons confits chez tous les marchands d'épices orientales.

LATKES

léger

Pour 4 personnes

Préparation : 15 mn

Cuisson : 10 mn

- *500 g de pommes de terre*
- *2 œufs*
- *2 cuil. à soupe rases de farine*
- *huile de friture*
- *sel, poivre*

1. Épluchez et râpez les pommes de terre avec la râpe à légumes d'un robot.

2. Dans un plat, mélangez les pommes de terre râpées, la farine et les œufs. Salez et poivrez.

3. Faites chauffer l'huile de friture dans une poêle. Prenez une cuillerée à soupe du mélange aux pommes de terre et glissez-la dans l'huile chaude. Aplatissez la galette en appuyant dessus avec une cuillère.

4. Laissez frire les galettes 5 mn de chaque côté. Servez bien chaud.

CONSEIL !

Ce plat accompagne particulièrement bien les viandes grillées.

Au premier plan : laktes.
À gauche : navets au citron.
À l'arrière-plan : fèves au cumin.

AUBERGINES LISETTE

végétarien

Pour 4 personnes

Préparation et cuisson : 30 mn

- *2 belles aubergines*
- *5 tomates*
- *3 oignons*
- *3 branches de persil*
- *3 gousses d'ail*
- *1 feuille de laurier*
- *1 cuil. à café de thym*
- *4 cuil. à soupe d'huile d'olive*
- *huile de friture*
- *sel, poivre*

CONSEIL !

Faites frire les aubergines la veille, elles dégorgeront mieux l'huile de cuisson.

1. Préchauffez le four à 220 °C (th. 7). Épluchez les aubergines en laissant des bandes de peau.

2. Découpez les aubergines en rondelles et faites-les frire, sans les laisser dégorger, dans une poêle remplie d'huile de friture chaude. Elles sont cuites lorsqu'elles sont molles et ont changé de couleur. Laissez-les bien s'égoutter dans une passoire.

3. Préparez la sauce à la tomate en faisant revenir dans l'huile d'olive les oignons épluchés et coupés en lamelles, les tomates pelées et épépinées, puis l'ail écrasé au presse-ail, le persil hâché, le sel, le poivre, le thym et le laurier. Laissez mijoter 20mn.

4. Dans un plat allant au four, disposez une couche d'aubergines et une couche de sauce à la tomate. Alternez jusqu'à épuisement des ingrédients. Finissez par la tomate. Faites cuire dans le four pendant 5mn. Servez aussitôt.

KNEIDLECHS

rituel

Pour 6 personnes

Préparation et cuisson : 40 mn

- *1 poulet*
- *3 branches de persil*
- *3 œufs*
- *1 paquet de farine de pain azyme*
- *sel, poivre*

CONSEIL !

Ne mettez pas trop de farine dès la première fois, il est plus facile d'en rajouter.
Une pâte trop ferme donnerait des boulettes trop dures.

♦ La cuisson se fait lorsque les convives sont à table, juste avant de servir les kneidlechs.

1. Préparez le bouillon de poulet. Placez la volaille dans une grande casserole d'eau froide, portez à ébullition et laissez cuire 15 mn. À l'aide d'une écumoire ou d'une louche, récupérez le gras du bouillon.

2. Dans un saladier versez 2 louches du bouillon de poulet, les œufs battus, le gras du bouillon, le persil haché. Salez et poivrez.

3. Incorporez petit à petit la farine de pain azyme au liquide. La pâte des kneidlechs doit être molle et malléable sans être trop collante. Couvrez et laissez reposer pendant quelques minutes avant de former des boulettes de pâte.

4. Dans une casserole, portez à ébullition un grand volume d'eau salée, jetez-y les boulettes. Elles remontent à la surface lorsqu'elles sont cuites. Servez les boulettes dans le bouillon de poulet chaud.

ARTICHAUTS FARCIS

pour recevoir

Pour 6 personnes

Préparation et cuisson : 50 mn

- *12 fonds d'artichauts surgelés*
- *2 citrons*
- *3 branches de persil*
- *2 oignons*
- *3 gousses d'ail*
- *3 œufs*
- *1 jaune d'œuf*
- *200 g d'amandes*
- *1/4 de baguette*
- *4 cuil. à soupe d'huile d'olive*
- *1 cuil. à café de curcuma*
- *sel, poivre*

1. Portez à ébullition une grande casserole d'eau additionnée du jus de 1 citron. Laissez-y cuire les fonds d'artichauts pendant 25 mn.

2. Faites cuire les œufs 10 mn dans une casserole d'eau bouillante salée. Laissez-les refroidir avant de les écaler.

3. Dans le bol d'un mixeur, broyez ensemble les amandes, les œufs durs, les oignons épluchés et coupés en morceaux, le pain imbibé d'eau et le persil. Salez et poivrez.

4. Remplissez soigneusement les fonds d'artichauts avec cette farce.

5. Dans une marmite, faites chauffer l'huile dans 2 verres d'eau avec l'ail épluché et coupé en rondelles, le curcuma, le jus du dernier citron et du sel. Lorsque ce liquide arrive à ébullition, posez les artichauts et laissez réduire 5 mn à feu vif.

6. Disposez les artichauts dans un plat de service. Gardez le jus de cuisson.

7. Dans le jus de cuisson, délayez le jaune d'œuf. Si la sauce n'est pas assez épaisse ajoutez un peu de Maïzena. Versez cette sauce sur les artichauts juste avant de servir.

TAJINE D'ARTICHAUTS ET DE FÈVES

pour recevoir

Pour 6 personnes

Préparation et cuisson : 30 mn

- *12 fonds d'artichauts surgelés*
- *1 kg de fèves surgelées*
- *1 citron*
- *1/2 bouquet de coriandre fraîche*
- *4 gousses d'ail*
- *1 cuil. à moka de curcuma*
- *5 cuil. à soupe d'huile d'olive*
- *sel, poivre*

1. Épluchez les gousses d'ail et coupez-les en rondelles. Ôtez le germe vert si besoin est.

2. Dans une marmite, versez l'huile, 3 verres à moutarde d'eau et le jus de la moitié du citron. Portez à ébullition. Lorsque l'eau commence à frémir, tapissez la marmite de fonds d'artichauts. Salez, poivrez, ajoutez les fonds d'artichauts restants et relevez de quelques rondelles d'ail et du curcuma. Laissez cuire 10 mn à feu doux.

3. Ajoutez les fèves et laissez cuire 5 mn. Vérifiez qu'il y a assez d'eau et rajoutez-en s'il en manque ou si les artichauts ne sont pas assez tendres et demandent plus de cuisson.

4. Saupoudrez de coriandre ciselée et laissez mijoter à feu doux pendant 10 mn. Disposez délicatement le tajine dans un plat de service.

CONSEIL !

Utilisez des produits frais si vous le voulez mais l'emploi des légumes surgelés, aujourd'hui de très bonne qualité, vous fera gagner beaucoup de temps. Cependant, pensez à enlever la peau des fèves pour donner toute sa finesse à ce plat.

En haut : artichauts farcis.
En bas : tajine d'artichauts et de fèves.

BOUBALECH

traditionnel

Pour 24 beignets

Préparation: 20 mn

Cuisson : 10 mn

- *3 œufs*
- *2 galettes de pain azyme*
- *huile de friture*

1. Séparez les blancs des jaunes d'œufs.

2. Broyez les galettes de pain azyme pour obtenir 3 cuillerées à soupe bien pleines d'une fine farine.

3. Mélangez cette farine avec les jaunes d'œufs.

4. Montez les blancs en neige. Incorporez-les délicatement à la préparation précédente pour obtenir une pâte mousseuse.

5. Faites chauffer l'huile de friture dans une poêle. Formez les beignets avec une cuillère à soupe et faites-les frire dans l'huile très chaude mais non fumante.

CONSEIL !

Servez avec du sucre en poudre au petit déjeuner ou au goûter.

GÂTEAU AU CHOCOLAT

gourmand

Pour 6 personnes

Préparation : 15 mn

Cuisson : 30 mn

- *5 œufs*
- *200 g de sucre*
- *200 g de chocolat noir à cuire*
- *200 g d'amandes entières*
- *1 cuil. à café de café soluble*

1. Préchauffez le four à 170 °C (th. 5).

2. Dans le bol d'un mixeur, broyez grossièrement les amandes entières.

3. Dans une casserole, faites fondre à feu doux le chocolat avec le café soluble. Versez les amandes en pluie, le sucre, puis ajoutez les œufs un à un, en tournant avec une cuillère en bois.

4. Versez la préparation dans un moule à cake beurré et fariné.

5. Faites cuire 30 mn à 140 °C (th. 4). Vérifiez la cuisson avec la pointe d'un couteau. Si elle attache un peu, la cuisson est à point. Démoulez tout de suite sur un plat de service.

MATZEBRAH

typique

Pour 2 personnes

Préparation et cuisson : 15 mn

- *2 galettes fines Rosinski*
- *2 œufs*
- *25 dl de lait*
- *1 cuil. à café de beurre*
- *sel ou sucre*

1. Émiettez grossièrement les galettes dans un saladier et laissez-les gonfler dans le lait environ 10 mn.

2. Battez les œufs et mélangez-les bien aux morceaux de galette.

3. Faites fondre le beurre dans une poêle et versez-y la préparation. Faites cuire comme des œufs brouillés, en remuant régulièrement.

4. Servez salé ou sucré selon le goût et l'heure.

VARIANTE

Ce dessert peut aussi être cuit comme une omelette que l'on coupera en parts avant de servir.

À gauche : boubalech.
Au centre : matzebrah.
À droite : gâteau au chocolat.

TARTE AUX FROMAGES

frais

Pour 8 personnes

Préparation : 30 mn

Cuisson : 30 mn

Pour la pâte :
- *1 œuf*
- *3 cuil. à soupe de crème fraîche*
- *150 g de farine*
- *1 cuil. à soupe de sucre*
- *1/2 paquet de levure chimique*
- *1 pincée de sel*

Pour la garniture :
- *1 kg de fromage blanc battu à 40% MG*
- *2 saint-florentin*
- *5 petits œufs*
- *3 cuil. à soupe rases de semoule*
- *5 cuil. à soupe de sucre*

1. Préchauffez le four à 170 °C (th. 5).

2. Dans une jatte, préparez la pâte en mélangeant tous les ingrédients qui la composent.

3. Séparez les blancs des jaunes d'œufs. Dans un saladier, mélangez bien les fromages, la semoule, le sucre et les jaunes d'œufs pour confectionner la garniture.

4. Battez les blancs en neige très ferme, puis incorporez-les délicatement à la préparation au fromage.

5. Farinez un moule rond et cranté à fond amovible. Étalez la pâte au rouleau et posez-la dedans. Versez la garniture.

6. Faites cuire au four 15 mn, puis baissez la température à 120 °C (th. 3) pour poursuivre la cuisson encore 15 mn environ.

STRUDEL AUX POMMES

classique

Pour 12 parts

Préparation : 30 mn

Cuisson : 1 h

Pour la pâte :
- *3 œufs*
- *1 cuil. à soupe de sucre*
- *100 g de farine et de Maïzena mélangées*
- *10 cl d'huile*
- *1/2 paquet de levure chimique*
- *1 sachet de sucre vanillé*
- *1 œuf (pour le badigeon)*

Pour la garniture :
- *1,5 kg de belles pommes de Boskoop*
- *2 œufs*
- *3 cuil. à soupe de sucre*
- *5 cuil. à soupe de confiture de quetsches ou d'abricots*
- *100 g de raisins secs*
- *1/2 cuil. à moka de cannelle*

1. Préchauffez le four à 170 °C (th. 5).

2. Préparez la pâte en mélangeant soigneusement tous les ingrédients dans une jatte. Séparez la pâte en 2 boules.

3. Dans un saladier, mélangez tous les ingrédients de la garniture. Pelez et coupez les pommes en gros bâtonnets, puis ajoutez-les.

4. Étalez très finement les boules de pâte. Posez une des pâtes dans un moule bien huilé en laissant dépasser les bords. Versez la garniture.

5. Recouvrez le tout avec la seconde partie de la pâte. Soudez les bords en serrant les pâtes entre les doigts et striez le dessus du strudel en carrés, avec un couteau.

6. Battez l'œuf et badigeonnez le strudel au pinceau, saupoudrez de sucre vanillé. Faites-le cuire au four pendant 1 h environ.

VARIANTE

Vous pouvez également étaler la pâte, y poser la garniture et rouler le tout. Vous obtiendrez un beau pain. Procédez de la même manière que pour décorer le strudel.

En haut : tarte aux fromages.
En bas : strudel aux pommes.

MANTECAOS

fondant

Pour 68 gâteaux

Préparation : 20 mn

Cuisson : 12 mn par plaque

- *300 g de farine*
- *125 g de sucre glace*
- *200 g d'amandes entières*
- *20 cl d'huile*

1. Préchauffez le four à 150 °C (th. 4-5).

2. Dans le bol d'un mixeur, hachez finement les amandes entières.

3. Dans un saladier, mélangez bien tous les ingrédients, pour obtenir une pâte homogène.

4. Étalez délicatement la pâte au rouleau, par petites quantités car elle est très friable, sur un plan de travail bien fariné. La pâte doit avoir environ 1 cm d'épaisseur.

5. Découpez les gâteaux à l'aide d'un verre pour qu'ils soient bien uniformes.

6. Disposez les ronds de pâte sur une plaque huilée et farinée et faites cuire les mantecaos au four 12 mn, pas plus.

CONSEIL !

Les mantecaos se gardent très bien au congélateur. Vous pouvez donc en faire une bonne quantité en une seule fois.

BOULES DE COCO

raffiné

Pour 60 gâteaux

Préparation et cuisson : 1 h 30

- *1 jaune d'œuf*
- *500 g de noix de coco en poudre*
- *500 g de sucre*
- *60 petits moules en papier*

1. Dans une casserole à revêtement antiadhésif, faites un sirop avec la moitié du sucre et 20 cl d'eau. La cuisson est à point lorsqu'une goutte de sirop reste en boule sur le plan de travail ou sur une assiette.

2. Versez la noix de coco dans le sirop et remuez bien avec une spatule en bois jusqu'à ce que le mélange se décolle facilement des bords de la casserole.

3. Versez cette pâte dans un saladier. Attendez quelques minutes que la préparation tiédisse et ajoutez le jaune d'œuf. Malaxez pour bien lier la pâte.

4. Entre les doigts, formez des boulettes d'une grosseur de 2 à 3 cm de diamètre environ. Laissez-les reposer pendant quelques heures dans le réfrigérateur.

5. Dans une petite poêle faites un caramel en utilisant petit à petit le sucre restant. Roulez les boules au fur et à mesure dans le caramel.

6. Servez les boules de coco dans des petits moules en papier.

CONSEIL !

Le caramel fonce à la cuisson et devient vite amer, c'est pourquoi il est recommandé de le faire petit à petit.

PASTA

moelleux

Pour 4 personnes

Préparation: 20 mn

Cuisson : 55 mn

- *6 œufs*
- *300 g de sucre*
- *200 g de farine*
- *10 cl d'huile*
- *1 paquet de levure chimique*

1. Préchauffez le four à 140 °C (th. 4).

2. Séparez les blancs des jaunes d'œufs. Battez les blancs en neige avec le sucre, puis incorporez les jaunes un à un.

3. Ajoutez en tournant sans cesse, à l'aide d'un batteur électrique, l'huile, 10 cl d'eau, la farine et la levure.

4. Versez la préparation dans un moule huilé et faites cuire au four 55 mn. Démoulez pendant que le gâteau est encore chaud.

Au premier plan : boules de coco.
À gauche : mantecaos.
À l'arrière-plan : pasta.

KHBIZA

parfumé

Pour 10 pains environ

Préparation : 30 mn

Repos : 2 h à 2 h 30

Cuisson : 30 mn

- *2 œufs*
- *25 g de levure de boulanger*
- *1 kg de farine*
- *10 cl d'huile*
- *1 cuil. à soupe de graines de sésame*
- *1 cuil. à soupe de grains d'anis*
- *1 cuil. à soupe rase de sel*

1. Préchauffez le four à 170 °C (th. 5).

2. Délayez la levure dans 20 cl d'eau tiède.

3. Dans une bassine mettez la farine en formant un puits au centre. Versez-y tous les ingrédients. Pétrissez pendant 10 mn. La pâte doit être ferme et souple.

4. Laissez lever la pâte 2 h à 2 h 30, près d'une source de chaleur. Elle doit plus que doubler de volume.

5. Lorsque la pâte a bien levé, pétrissez-la à nouveau pendant environ 5 mn. Formez 10 boules de pâte, aplatissez-les au rouleau. Piquez le dessus avec une fourchette pour les décorer. Laissez reposer 5 mn.

7. Déposez les boules de pâtes sur une plaque farinée. Faites cuire pendant 30 mn.

HALAH

brioché

Pour un pain de 1 kg

Préparation : 25 mn

Repos : 2 h 30 à 3 h

Cuisson : 25 mn

- *3 œufs*
- *40 g de levure de boulanger*
- *1 kg de farine*
- *1 cuil. à café de sel*
- *4 cuil. à soupe d'huile*
- *4 cuil. à soupe de sucre*

1. Préchauffez le four à 180 °C (th. 5-6).

2. Dans une terrine, délayez la levure dans 20 cl d'eau tiède, puis ajoutez 250 g de farine.

3. Travaillez légèrement cette pâte, couvrez la terrine et laissez reposer pendant 30 mn. La pâte doit doubler de volume.

4. Ajoutez le reste de la farine et le sel, pétrissez pendant 10 mn. La pâte doit devenir ferme et souple.

5. Ajoutez alors l'huile, le sucre, 20 à 30 cl d'eau et 2 œufs entiers. Formez le pain en tressant 3 rouleaux de pâte.

6. Posez la tresse sur une plaque de cuisson farinée et couvrez d'un linge fin. Laissez reposer 2 h à 2 h 30. Battez le dernier œuf et badigeonnez-en le pain à l'aide d'un pinceau.

7. Faites cuire 25 mn environ.

♦ Ce pain accompagne le repas de shabbat. Vous pouvez aussi préparer des petits pains individuels.

HAROSETS

typique

Pour 60 boulettes environ

Préparation : 50 mn

- *450 g de dattes mielleuses*
- *250 g de cerneaux de noix*
- *3 cuil. à café de cannelle*
- *2 cuil. à café de gingembre*
- *1/2 cuil. à moka de clou de girofle en poudre*

1. Dénoyautez les dattes et broyez-les dans un mixeur avec les noix.

2. Ajoutez les épices et malaxez le tout à la main pour que les saveurs se fondent bien.

3. Formez des boulettes de 1 cm de diamètre environ.

♦ Les harosets font partie du plateau sur lequel on rassemble les éléments nécessaires au Seder, la prière du soir de la fête de Pâques. Pendant la prière on les mange avec une feuille de romaine.

CONSEIL !

Si vous voulez faire de ces boulettes un simple dessert, formez des boulettes plus grosses.

À gauche : halah.
Au centre : khbiza.
À droite : harosets.

table des recettes

Dans la colonne Rapidité, les temps de préparation et de cuisson sont additionnés.
Les temps de marinade, de réfrigération, de trempage et de repos ne sont pas compris.

© 1998, HACHETTE LIVRE (Hachette Pratique), Paris.

Les photos des pages 5 et 9 ont été prêtées par l'Office National Israëlien de Tourisme, 22, rue des capucines, 75002 Paris.

Tous droits de traduction, d'adaptation et de reproduction totale ou partielle, pour quelque usage, par quelque moyen que ce soit, réservés pour tous pays.

Secrétariat d'édition : Stéphanie Vinet
Maquette : Filigrane

Dépôt légal : 9418.08.98
N° d'édition : 46310
ISBN : 2.01.620783.3
62.62.0783.01.1

Impression : G. Canale & C. S.p.A., Turin (Italie).

PETITS PRATIQUES HACHETTE

100 titres disponibles

cuisine

- Agneau
- Barbecue
- Bœuf
- Brunchs
- Buffets
- Céréales
- Champignons
- Chocolat
- Cocktails
- Confitures, conserves
- Cuisine alsacienne
- Cuisine asiatique
- Cuisine pour bébés
- Cuisine bretonne
- Cuisine chinoise
- Cuisine aux condiments
- Cuisine créole
- Cuisine pour deux
- Cuisine facile
- Cuisine grecque
- Cuisine aux herbes
- Cuisine indienne
- Cuisine italienne
- Cuisine libanaise
- Cuisine marocaine
- Cuisine orientale
- Cuisine pour une personne
- Cuisine provençale
- Cuisine russe
- Cuisine tex-mex
- Cuisine au tofou
- Cuisine végétarienne
- Desserts
- Entrées et hors-d'œuvre
- Fondues
- Fruits exotiques
- Gratins et soufflés
- Le goût en quatre saveurs
- Légumes
- Mets et vins
- Oeufs
- Pâtes
- Pâtisserie
- Petits gâteaux
- Pizzas et tourtes
- Plats mijotés
- Poissons
- Pomme de terre
- Riz
- Salades composées
- Salades variées
- Sauces
- Soupes et potages
- Tartes et gâteaux
- Veau
- Volailles

animaux

- Aquariums
- Aquarium, les plantes
- Boxers
- Canari
- Caniches
- Chats
- Chiens
- Chinchillas
- Cochon d'Inde
- Hamster
- Perruche callopsitte
- Perruches ondulées
- Lapin nain
- Oiseaux du jardin
- Perroquets
- Petits chiens
- Poissons rouges
- Teckels
- Tortues
- Westies
- Yorkshires

jardinage

- Bambous
- Bégonias
- Bonsaî
- Bouquets
- Bouturages
- Cactus
- Fleurs à bulbes
- Géraniums, pélargoniums
- Jardin de mois en mois
- Orchidées
- Palmiers
- Pelouses et gazons
- Plantes aromatiques
- Plantes d'intérieur
- Potager
- Rhododendrons, azalées
- Roses
- Taille

décoration

- Couronnes de fêtes
- Encadrement
- Fleurs séchées
- Rideaux - Coussins

Hachette, côté pratique